Ben en Fleur in het circus

Isabel van Duijne

M a r e t a k

Schelpjesboeken zijn bestemd voor kinderen die net kunnen lezen. De boeken vormen een overgang van het prentenboek naar het leesboek: de illustraties zijn een wezenlijk onderdeel van het verhaal. Auteur en illustrator zien het als een uitdaging om een *Schelpjesboek* tot een stimulerende leeservaring te maken.

© 2005 Educatieve uitgeverij Maretak, Postbus 80, 9400 AB Assen
Tweede druk, 2011

Tekst en illustraties: Isabel van Duijne
Vormgeving/dtp: Gerard de Groot
ISBN 978-90-437-0262-1
NUR 140
AVI E3

1 Het circus is er

Ben en Fleur lopen samen naar school.
Als ze op de heuvel staan,
zien ze allemaal wagens.
Net kleine huisjes op wielen.
Paarden grazen op het gras.
'Het circus is er!', roept Ben blij.
Een tijdje blijven ze kijken.
Stoere mannen bouwen de tent op.

'Kom', zegt Fleur.
'De bel gaat zo.
Vanmiddag vragen we
of we naar de voorstelling mogen.'

Ben let niet goed op in de klas.
Hij denkt steeds aan het circus.
Zullen er tijgers en leeuwen zijn?
Een olifant?
Een clown?

Tringgg!
De bel van twaalf uur.
Ben en Fleur hollen naar huis.

Eerst gaan ze naar het huis van Ben.
'Mam?
Mogen Fleur en ik naar het circus?',
vraagt Ben.
'Met zijn tweetjes?', vraagt mam.
'Dat kunnen we best', zegt Ben.
'Goed dan', zegt mam.

Dan gaan ze naar het huis van Fleur.
'Mam?
Mogen Ben en ik naar het circus?',
vraagt Fleur.
'Met zijn tweetjes?', vraagt mam.
'Dat kunnen we best', zegt Fleur.
'Vooruit dan', zegt mam.
'Om drie uur begint de voorstelling.'

Het is nog lang geen drie uur.
Ben en Fleur spelen buiten.
Ze spelen 'circus'.
Fleur is het paard
en Ben laat haar kunstjes doen.
Fleur is een heel knap paard.
Ze kan dansen en buigen.

2 Een heel karwei

Na een tijd heeft Ben geen zin meer.
'Is het nog geen drie uur?'
'Laten we kijken of de tent al staat',
zegt Fleur.

Een grote tent staat midden op het veld.
Om het veld staan hekken.
Ben en Fleur klimmen op een hek.
Ze kunnen er met gemak op zitten.
'Wat een grote tent', zegt Fleur.
'Dat moet ook wel', zegt Ben.
'Anders past de olifant er niet in.'
'Ik zie nergens een olifant',
zegt Fleur.
Maar op dat moment
begint de grond te trillen.

Bom … bom … bom … bom …
Er komt een grote olifant aan.
Een man in een mooi pak loopt ernaast.
Bom.
De olifant staat stil.
Vlak voor Ben en Fleur.
'Willen jullie Ollie de olifant wassen?',
vraagt de man.
'Ja, leuk!', juichen Ben en Fleur.
Ze lopen met de man en Ollie mee.
Bom … bom … bom … bom …

Ze zien een clown op een fiets.
Een jongen loopt op stelten.
Een meisje oefent met hoepels.
Er is een man die vuur eet.

Bom.
Bij de wasplaats staat Ollie stil.
De man geeft Ben en Fleur
een emmer met sop.
Een trap en een bezem.
Ben en Fleur soppen en boenen.

Het is een heel karwei.
Daarna zijn de paarden aan de beurt.
De man is blij dat Ben en Fleur helpen.
Hij versiert de paarden
met mooie pluimen.

Het laatste paard is klaar.
'Wat nu?', vraagt Fleur.
'Nu moet de leeuw nog in bad',
zegt de man.
Fleur schrikt.
'Grapje!', lacht de man.
'Mogen we even rondkijken?', vraagt Ben.
Dat is goed.

3 Wat was dat?

Ben en Fleur kijken bij alle wagens.
Op één wagen staan tijgers en leeuwen.
Ben rammelt aan de deur.
'Niet doen!', roept Fleur.
'Jammer!
De deur zit op slot', zegt Ben stoer.
Er staat nog een wagen.
'Kijk!', zegt Ben.
'Die deur is niet op slot.'
Ben doet de deur van de wagen open.
Hij klimt erin.
'Kom ook, Fleur!', roept Ben.
'Er zitten geen wilde dieren in.'
Voorzichtig klimt Fleur ook in de wagen.
Het is er erg donker.
'Ik vind het eng', zegt Fleur.
'Ik wil eruit.'

Maar dan opeens
horen ze iemand bij de wagen.
De deur van de wagen gaat op slot.
Buiten klinkt luide muziek.
Fleur barst in tranen uit.
'Het is vast al drie uur', huilt ze.
'De voorstelling gaat zo beginnen.'
'Help! Help!
Laat ons eruit!', roepen Ben en Fleur.
Maar niemand hoort hen.

Ben kruipt door de wagen.
Opeens: *rommel de bommel de bom.*
Er valt van alles om.
'Kijk toch uit!', zegt Fleur.
'Hoe kan ik nou uitkijken als ik niks zie!',
zegt Ben.
Sssssssss.
'Wat was dat?', fluistert Fleur.

'Wat?', zegt Ben.
'Ik hoor niks.'
Sssssssss.
'Daar is het geluid weer', zegt Fleur.
Nu hoort Ben het ook.
Ben voelt met zijn handen
tussen de rommel.
'Hee, een zaklamp', zegt hij.
'Net wat ik zocht.'
Sssssssss, horen ze weer.
Ben doet de zaklamp aan.
Nu zien ze waar het geluid vandaan komt.
Ze zien een dikke bruine slang.
De slang kronkelt over de vloer.
Fleur gilt het uit.
'Stil, Fleur!', zegt Ben.
'We moeten ons verstoppen.
Anders bijt de slang ons.'

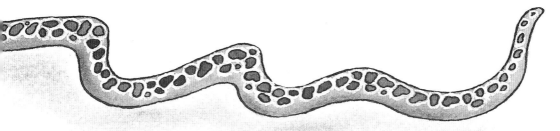

4 Hij steekt zijn tong uit!

Ben wil een lege mand pakken.
Maar vlak achter de mand
duikt nog een slang op.
Sssssssss, doet de slang.
De slang is fel groen.
Ben schrikt zich naar.
Heel langzaam strekt hij zijn hand uit
naar de mand.
Hij heeft hem bijna.
Fleur houdt haar adem in.
Ze is doodsbang.
Ben heeft de mand te pakken.
'Klim erin, Fleur', zegt Ben.
'Hier ben je veilig.'
Fleur klimt in de mand.
Ben doet het deksel erop.

Nu moet Ben ook in een mand.
De andere mand ligt vlak bij de slang.
Ben kruipt er langzaam naartoe.
Ssssss!, doet de slang opeens.
De slang kijkt Ben aan.
Hij steekt zijn tong uit.
Ben probeert de slang bang te maken.
Sssssssss!, doet Ben heel hard.
Ben steekt ook zijn tong uit.
Het werkt.
De slang kruipt sissend weg.
'Oef', zucht Ben.
Nu kan hij de mand pakken.
Vlug klimt hij erin en doet het deksel erop.
Een tijd lang blijven Ben en Fleur stil zitten
in hun manden.

Opeens horen ze iemand bij de deur.
Ben en Fleur durven niets te zeggen.
De deur van de wagen gaat open.

Mannen praten tegen elkaar.
Ze dragen ieder een mand naar buiten.
Fleur trilt.
Ze zullen vast boos zijn dat wij erin zitten,
denkt ze.
Zodra ze ons ergens neerzetten,
vluchten we, denkt Ben.

5 Een tent vol mensen

De manden worden neergezet.
Ben kijkt door een kiertje.
Hij schrikt.
Wat nu?, denkt hij.
Ze zijn midden in de voorstelling.
De hele tent is vol met mensen.

Er komt een vrouw met een lange jurk.
Ze blaast op een fluit.
Ze wil dat we eruit komen, denkt Ben.
'Psssst, Fleur!
We moeten eruit!', fluistert Ben.
'Ik durf niet', fluistert Fleur terug.
'Je moet', zegt Ben.
De vrouw fluit maar door.

Langzaam gaan de deksels omhoog.
Er komen vier heel bange ogen
uit de manden.
Twee bleke gezichten.
De vrouw houdt op met fluiten.
Ze kijkt naar Ben en Fleur.
Eerst kijkt ze heel verbaasd.
Dan kijkt ze boos.
Maar alle mensen in de tent klappen
en lachen.
Ze vinden het prachtig.
Nu lacht de vrouw ook.
'Kom er maar uit', zegt ze.
Ze geeft Ben en Fleur elk een hand.
Ze maken een buiging voor het publiek.
Dan gaan de gordijnen dicht.
De voorstelling is voorbij.

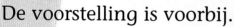

'Waar zijn de slangen?',
vraagt de vrouw bezorgd.
Ben en Fleur vertellen het hele verhaal.
'We moeten snel naar de wagen',
zegt de vrouw.
'Straks ontsnappen de slangen nog.'
Ben en Fleur rennen naar de wagen.
De vrouw holt er achteraan
met de manden.
De deur van de wagen staat open.
Sssssssss, horen ze.
Gelukkig: de slangen zijn er nog.
De vrouw stopt ze veilig in de manden.
'Is dat schrikken', zegt de vrouw.

6 Ben is niet bang

Fleur huilt.
Ben kijkt ook sip.
'Kom, kom, niet zo droevig!', zegt de vrouw.
'Zo erg is het niet.'
'We hebben de voorstelling gemist',
huilt Fleur.
'Weet je wat?', zegt de vrouw.
'Morgen is er nog een voorstelling.
Jullie mogen gratis.'

De volgende dag
zitten Ben en Fleur vooraan.
Ze zien de jongen op stelten.
Het meisje met de hoepels.
De man die vuur eet.
De clown op de fiets.

Ben en Fleur lachen.
De clown valt steeds van zijn fiets.
Ze zien een leeuw en een tijger.
De paarden met pluimen op hun hoofd.

Bom ... bom ... bom ... bom ...
De grond trilt.
'Ollie!', juichen Ben en Fleur.
Bom.
Ollie staat stil.
Vlak voor Ben en Fleur.
De man met het mooie pak is er ook bij.
'Willen jullie een rondje mee?', vraagt hij.
De man helpt Ben en Fleur
op de rug van Ollie.
'Wat hoog!', roept Fleur.
Ze houden zich goed vast.
Alle mensen klappen.
Ollie brengt Ben en Fleur weer
naar hun plaats.

Twee manden worden neergezet.
Daar is de vrouw met de lange jurk.
Ze fluit.
De deksels van de manden gaan omhoog.

Uit één mand komt de dikke bruine slang.
Uit de andere mand
komt de fel groene slang.
De vrouw pakt een slang.
Ze doet hem om haar nek.
Alsof het een sjaal is.
Dan loopt ze een rondje langs het publiek.
Fleur griezelt als ze langs loopt.
De slang sist.
Maar Ben is niet bang.
Hij steekt zijn tong uit: *Sssssssss!*